KB002945

쓰나미를 예측할 수 있을까?

민음 바칼로레아 057

쓰나미를 예측할 수 있을까?

엘렌 에베르, 프랑수아 셍들레 ㅣ 홍태경 감수 ㅣ 김성희 옮김

민음in

차례

질문 : 쓰나미를 예측할 수 있을까?

2004년 12월 26일, 강력한 지진 해일 쓰나미가 동남아시아 일대를 휩쓸어 버렸다. 그날 이후 사람들은 기존의 체제를 한 꺼번에 무너뜨리는 사건을 가리켜 '쓰나미' 라고 말한다. 정치 쓰나미, 주식 쓰나미, 경제 쓰나미 등의 표현이 자연스럽게 사용되면서 원래 지구 과학 및 해양학 분야의 전문 용어인 '쓰나미' 는 관련 없는 분야에까지 두루 진출하게 되었다. 2004년 인도양에서 발생한 이 거대하고 끔찍한 재난이 사람들에게 얼마나 강한 인상을 남겼는지 잘 보여 주는 사회적 현상이다.

당시 쓰나미의 원인은 **섭입대**에서 발생한 지진이었다. 섭입대란 지각판*들이 상호 충돌하여 한 지각판이 다른 지각판 아래로 미끄러져 들어가는 부분을 말한다. 섭입대에서는 지진이 흔하게 발생하는데, 때로는 엄청난 위력을 발휘하기도 한다. 이런 경우에는 어마어마한 파도가 밀려와 해안을 침수시키고 때로는 바다 근처 지역을 폐허로 만들기도 한다.

이 책에서는 쓰나미에 대해 자세히 살펴볼 것이다. 지각판의 충돌과 지진이라는 현상이 일어나는 구체적인 원리는 무엇인지, 또 이것이 어떻게 쓰나미로 이어지는지 알아보도록 하자.

●●●
지각판 판구조론에서는 지구 표면이 여러 개의 지각판으로 이루어져 있다고 설명한다. 이 판들의 움직임에 의해 암석권의 이동과 화산 활동, 지진 등 다양한 지질 현상이 일어난다.

1

쓰나미란 무엇일까?

쓰나미는 어떻게 일어날까?

쓰나미라는 말은 정확히 무슨 뜻일까? 그리고 쓰나미를 직접 목격한 사람들은 이를 어떻게 설명할까? 쓰나미라는 단어는 원래 일본어로, 항구를 뜻하는 '쓰(津)'와 파도를 뜻하는 '나미(波)'로 이루어진 합성어다. 단어 자체가 암시하듯이, 쓰나미는 위협적인 파도를 동반해 일본의 항구 지역에 수시로 타격을 입혔다. 그런데 신기하게도 그 시간 먼 바다에 나가 있던 어부들은 아무런 이상을 느끼지 못했다. 즉 쓰나미는 해안에 나타나 엄청난 파괴력을 발휘하지만 먼 바다에서는 눈에 잘 띄지 않는다는 것이다.

또 한 가지 흥미로운 점은, 쓰나미를 목격한 사람들 대부분은 당시 날씨가 아주 평온했고 바다도 무척 잔잔했다는 점을 강조한다는 것이다. 다시 말해 쓰나미는 일반적인 태풍처럼 특정 기상 조건 때문에 생성되는 것이 아니라는 뜻이다.

위의 내용을 참고로 하여 쓰나미의 발생 원리를 물리적으로 설명하면 다음과 같다. 끈을 양쪽으로 묶은 다음, 한쪽 끝에서 수직 방향으로 갑작스러운 충격을 보내면 어떻게 될까? 위로 솟았다가 내려가는 연속적인 움직임이 끈을 타고 나아갈 것이다. 이것이 바로 간단하게 파동을 만드는 방법이다. 파동은 매질*에 가해진 충격 때문에 생기며, 매질은 고유한 물리적 속성에 따라 그 파동을 멀리까지 전달한다. 즉 위의 예에서, 끈 자체가 이동하는 것이 아니라 끈을 따라 파동이 전파되면서 진동하는 것이다. 파동이 반대쪽 끝에 이르렀을 때 에너지가 충분히 남아 있을 경우, 끈은 마지막으로 더 강하게 진동하게 된다.

쓰나미의 원리는 바로 이 현상으로 설명할 수 있다. 해안에 나타나는 파도는 끈의 끝에서 일어나는 파동과 같다. 끈 자체가 움직이는 게 아닌 것처럼, 바닷물도 그 자체가 이동하는 것이 아니라 물결의 일렁임이 해안 쪽으로 옮겨 오면서 확대되는 것이다. 쓰나미의 규모가 큰 경우에는 마지막에 파도가 크게

● ● ●

매질 어떤 파동이나 물리적 작용을 한 곳에서 다른 곳으로 옮겨 주는 물질. 음파를 전달하는 공기, 탄성파를 전달하는 탄성체 따위가 있다.

부서지면서 바닷물이 땅으로 넘치고, 그중 일부는 원래의 바다로부터 떨어져 나와 물 자체가 이동하게 된다.

쓰나미를 일으키는 가장 큰 원인으로는 섭입대의 지진을 꼽을 수 있다. 그 밖에 또 어떤 지구의 활동이 쓰나미를 일으키는지 자세히 살펴보자.

무엇이 바다에 충격을 일으킬까?

바다를 진동시킬 만큼 어마어마한 에너지를 가지는 최초의 충격은 과연 어떻게 일어날까? 규모만 충분히 크다면, 해양층에 충격을 줄 수 있는 모든 지질학적 현상이 그 원인이 될 수 있다. 예를 들어 바다에 던진 돌멩이 하나는 쓰나미를 일으키지 않지만, 작은 연못에 그 수심과 비슷하거나 더 큰 크기의 바위를 던진다면 쓰나미와 비슷한 물결이 일어날 것이다. 깊이가 수 킬로미터에 이르는 바다의 경우, 수 내지 수십 킬로미터에 달하는 아주 광범위한 충격이 있어야 쓰나미가 일어난다. 가장 효력이 큰 것은 **규모** 6.5 이상의 해저 지진인데, 이 정도의 지진이면 한 변이 수십 내지 수백 킬로미터에 이르는 바다 바닥을 수십 센티미터에서 수 미터까지 수직으로 변위시킬 수 있다.

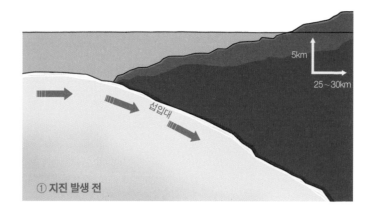

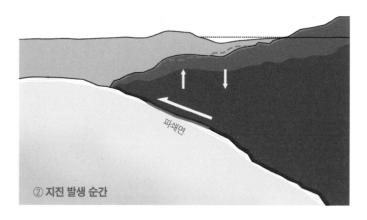

해저 지진에 따른 쓰나미 발생 과정(실제 크기는 가로 200킬로미터, 세로 30킬로미터임.)
지진이 발생하면 해양층이 흔들리면서 수 미터까지 솟구치는 현상이 동반된다. 이어서 중력의 작
용으로 수면이 진동하기 시작하고, 파도가 먼 바다(그림의 왼쪽 방향)와 해안(그림의 오른쪽 방향)
으로 동시에 퍼져나간다. 지진에 따른 충격은 그 파쇄면과 수직을 이루며 확장되는 것으로 알려
져 있는데, 이는 수백 킬로미터 거리까지 퍼져 나갈 수 있다.(2004년 수마트라 지진의 경우 그 파
장이 1000킬로미터 이상에 걸쳐 나타났다.)

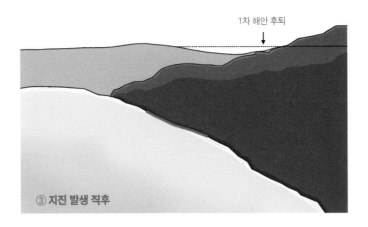

1차 해안 후퇴

③ 지진 발생 직후

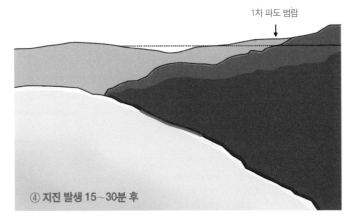

1차 파도 범람

④ 지진 발생 15~30분 후

이때 변형의 정도는, 지진으로 **단층면**°이 생성될 때 함께 나타 🍎
나는 **파쇄대**°의 크기와 직접적으로 관련된다. 파쇄대를 따라 🍎
얼마나 큰 **침강**이 일어났는가, 다시 말해 분리된 한쪽 암석이 🍎

다른 쪽 암석에 비해 얼마나 아래로 이동했는가를 보고 수직 변위의 정도를 파악한다.

쓰나미를 일으키는 또 다른 원인은 지각의 침강이다. 순전히 해저에서 지각의 침강이 일어날 수도 있고 화산이나 절벽 등 바다 밖의 암석이 물로 떨어져 침강이 생기는 경우도 있는데, 지진에 비해 그 영향은 상대적으로 좁은 범위 안에서 나타난다. 이때 수직 변형이 수십 미터 이상 일어날 수 있지만, 그 영향이 수평적으로 미치는 범위는 일반적으로 10킬로미터를 넘지 않는다.

이상의 원인들은 해양층을 움직여 진동을 유발할 만큼 충분히 강력한 힘을 가진다. 일차원적 매질인 끈과 달리 바다의 표면은 이차원적인 수평면을 이루고 있다. 파도의 에너지는 이렇게 넓은 표면을 따라 사방으로 전파되기 때문에 널리 분산된다. 즉 파고가 시간에 따라 점차 낮아진다는 뜻이다. 발원지 근처에 생성되는 파도의 처음 높이는 1미터에서 20미터에 이르지

● ● ●

단층면 외부의 힘에 의해 단층이 생성되어 두 개의 지반으로 나뉠 때, 두 지반의 잘라진 면을 말한다.

파쇄대 단층을 따라 암석이 부스러진 부분. 길쭉한 띠 모양으로, 대규모의 단층에는 흔히 대규모의 파쇄대가 함께 생겨난다.

만 이것이 먼 바다에 이르면 수십 센티미터를 넘기기 힘들다. 그래서 멀리 나간 배가 쓰나미를 눈치채지 못하는 것이다.

어떻게 파도가 육지로 넘치게 될까?

쓰나미를 좀 더 정확히 이해하기 위해 물리 용어 몇 가지를 살펴보도록 하자. 먼저 파동이 전파될 때 바다가 진동하는 높이를 **파고**˚라고 말한다. 발원지에서는 수 미터에 불과했던 파고가 해안에 닿을 때면 30미터를 넘길 수도 있다. 연속적인 마루와 마루, 혹은 골과 골 사이를 이동하는 데 걸리는 시간은 **주기**라고 부른다. 지각 침강에 의해 발생한 쓰나미는 2분에서 10분 사이의 주기를 보이며, 일반적인 지진에 따른 쓰나미는 10분에서 40분 사이의 주기를 보인다.

일정 순간에 관측한 두 마루 사이의 수평 거리는 **파장**이라고 한다. 발원지 근처에서 파장은 수 내지 수백 킬로미터에 달하

● ● ●

파고 파고와 혼동될 수 있는 용어로 진폭이 있나. 파고가 마루(여기에서는 파도의 가장 높은 부분)에서 골(파도의 가장 낮은 부분)까지의 수직 거리에 해당한다면, 진폭은 진동의 중심인 수면에서 마루 또는 골까지의 거리를 말한다.

다가 해안 근처로 와서 바다가 얕아지면 더 짧아진다. 끝으로 **전파 속도**는 진동이 단위 시간 동안 이동한 거리를 뜻한다. 쓰나미의 경우, 파동의 전파 속도는 물의 깊이에 달려 있다. 오른쪽 표에서 알 수 있듯이, 파도의 속도는 바다가 깊을 때 아주 빠르고(500~900km/h), 바다의 깊이가 얕아지고 파도가 해안에 가까워지면 점차 줄어든다(30~50km/h).

해안에 가까워지면 파도의 속도는 뚜렷하게 느려지고 그 결과 파장이 짧아진다. 이때 파도의 에너지는 바닷물을 통해 전파된다. 에너지 보존 법칙에 따르면, 파도가 먼 바다의 경우(파장이 길고, 파고가 높지 않으며, 전파 속도가 빠른 경우)와 해안가의 경우(파장이 짧고, 전파 속도가 느린 경우)가 각각 같은 양의 물을 포함해야 한다. 따라서 해안으로 접근할수록 파도의 높이가 크게 증가하여 결국 바닷물이 육지로 넘치는 현상이 일어난다. 즉 쓰나미가 발생하는 것이다.

발원지에서 파도의 파고는 지진으로 인한 단층의 침강과 직접적인 비례 관계에 있다. 따라서 이는 선형적* 성질을 지닌

● ● ●

선형적 원인과 결과가 곧바로 연결되어, 일부를 보고도 전체를 가늠할 수 있는 상태를 선형적(linear)이라 하고, 그 반대로 원인과 결과의 연결이 일정치 않아 예측이 불가능한 상태를 비선형적(non-linear)이라고 한다.

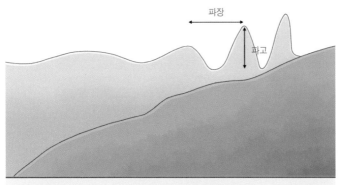

파장

파고

바다 깊이(m)	속도 (km/h)	파장 (km)	파고 (cm)
7000	943	282	2~5
4000	713	213	3~7
2000	504	151	4~10
200	159	48	12~30
50	79	23	30~100
10	36	10.6	100~500

해안에 가까워질수록 파도의 파장은 짧아지며, 에너지 보존 법칙에 따라 파고는 높아진다.
위의 표에 적힌 파고의 높이는 가장 크게 증폭되었을 때를 기준으로 측정한 것이다.

다. 침강이 두 배 크게 일어나면 파도의 최초 파고도 두 배로 커지는 것이다. 이것이 먼 바다로 전파될 때의 파고 역시 선형적 관계에 따라 그 크기를 유지한다. 그러나 파도가 해안으로 전파될 때는 해저 경사에 급격한 변화가 생기면서 파고의 높이는 비선형적으로 증폭한다. 경사가 급할 때는 두 배였다가 경사가 완만할 때는 열 배까지도 커질 수 있다. 그러다 상황이 맞아떨어지면 바닷물이 해안으로 범람하여 쓰나미가 발생하는 것이다.

이렇게 육지로 쏟아져 들어오는 물살은 아주 강해서 해안으로부터 상당히 멀리 떨어진 곳도 충분히 뒤덮을 수 있다. 파고가 크게 증폭될수록 그 세기는 당연히 더 커진다. 쓰나미는 연속적인 파도로 이루어지기 때문에 해안 지역은 2분에서 40분 간격으로 계속해서 타격을 입게 된다. 이때 첫 번째 파도가 반드시 가장 높은 것은 아니다.

육지에 도달한 파도의 최대 고도를 가리켜 **처오름높이**(run-up height)라고 하는데, 이는 **수평적 침수, 해안 수위**와 함께 쓰나미의 규모를 결정짓는 중요한 변수 중 하나다. 2004년 인도네시아의 수마트라 섬에서 일어난 것과 같은 대규모 쓰나미의 경우, 해안 수위는 보통 10여 미터에 달하며 때로는 30미터를 넘기기도 한다. 이때 처오름높이는 대부분 20미터를 넘기고, 해안으로부터 수 킬로미터 거리까지 침수시킨다.

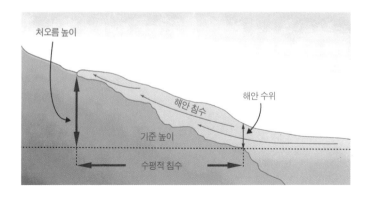

처오름 높이

해안 침수

해안 수위

기준 높이

수평적 침수

해안에 미치는 쓰나미의 영향
바닷물은 최대 고도(처오름높이)까지 유입되는데, 위 그림은 최대 고도가 해안 수위보다 더 높은 경우를 보여 준다. 여기서 수평적 침수 범위는, 처오름높이 지점에서 해안 수위 지점까지의 수평적 거리에 해당한다.

쓰나미의 파도는 어떻게 측정할까?

앞에서 설명한 용어와 수치는 해안에서 발생하는 쓰나미의 특징을 설명하는 데 꼭 필요한 요소들이다. 이런 수치들은 대부분 쓰나미가 끝난 후에 측정하지만, 해수면 관측소의 도움을 받으면 쓰나미가 발생하는 도중에도 파도의 높이를 자세히 측정할 수 있다. 해양학 연구소나 항만 관련 기관들은 19세기 후반부터 해안가에 자동 기록식 검조기를 설치해 해면의 높이 변화를 측정해 왔다. 검조기는 부표와 레이더, 압력 센서로 구성되어 있다. 관 안에 띄운 부표는 해수면의 오르내림에 따라 함께 움직이도록 되어 있고, 레이더는 방파제 주변의 높은 곳에 설치되어 해수면과의 거리를 수직으로 측정한다. 압력 센서는 파도가 지나갈 때 압력의 변화를 기록하는데, 해수면이 올라가면 물기둥의 부피가 커져 압력이 증가하고 해수면이 내려가면 반대 원리에 의해 압력이 줄어든다.

이 장치는 원래 **조석**과 관련된 바다의 수위 변화를 실시간으로 측정하기 위해 고안되었다. 조석이란 달과 태양의 인력 차이에 의해 해수면이 주기적으로 오르내리는 현상으로, 약간의 차이는 생길 수 있지만 대략 12시간의 주기를 가진다. 검조기를 이용하면 쓰나미에 의한 연속적인 파도도 기록할 수 있는데, 그 방식은 지진계가 지진파를 기록하는 것과 같다. 검조기가 평균 10분 내지 30분간 지속되는 파도에 따라 바다의 수위 변화를 놓치지 않고 측정하면 조후곡선*을 통해 쓰나미의 물리적인 정보, 즉 파도의 주기와 파고의 높이에 관한 정보를 얻을 수 있다.

조후곡선에 반영되는 또 다른 요소로 **파랑**이 있다. 파랑은

• • • •

조후곡선 가로축을 시간, 세로축을 수위로 하여 밀물과 썰물을 표시한 곡선.

해변에 계속해서 부서지는 파도로 주로 폭풍우나 기압 변화에 의해 나타난다. 파랑은 짧은 시간 동안 빠르게 변할 수 있으며 평균 10초 내지 30초의 주기를 가진다. 항구의 형태 때문에 파도에 증폭이 일어나는 공명 현상 역시 조후곡선에 교란을 준다. 이런 기타 신호들을 걸러내는 작업을 거치고 나면, 순전히 쓰나미에 의한 파도의 주기 변화만을 확인할 수 있다(47쪽 참조).

해안가에 설치하는 검조기와 달리 먼 바다에 세우는 관측소도 있다. 이 관측소는 특수하게 고안된 압력 탐지기를 부착한 상태로 해저에 세우기 때문에 항구와 만°이 일으키는 교란 현상에서 자유롭다. 압력 탐지기는 쓰나미를 가능한 한 빨리 탐지하고 기록하기 위해 일반적으로 섭입대 가까이에 설치한다. 압력 탐지기가 잡아낸 신호는 레이더를 통해 해수면의 부표로 전송된 다음, 인공위성이나 해저 케이블을 통해 관측소로 전송된다.

지구 주변을 돌고 있는 인공위성 가운데 순간적인 바다 수위의 변화에 대한 정보를 송신하는 고도 측정용 위성은 몇 개밖에 되지 않는다. 이런 위성들은 2004년의 쓰나미처럼, 먼 바

● ● ●

만 바다가 육지 속으로 파고들어 와 있는 지역.

다에서 최고 파고가 1미터 이상 되는 대형 쓰나미를 측정할 수 있다. 그러나 그 수가 너무 적기 때문에, 모든 쓰나미를 관측하기에는 한계가 있다.

쓰나미에도 종류가 있을까?

쓰나미는 지질학적인 현상으로, 쉽게 말해 해안 지역에 파도가 넘쳐 들어와 홍수가 일어나는 것을 말한다. 사실 이런 현상을 가리키는 용어는 쓰나미 외에도 더 있다. 예를 들어 스페인 어에는 '땅의 흔들림', 즉 지진을 뜻하는 '테레모토(terremoto)'와 대구를 이루는 단어로 '마레모토(maremoto)'라는 것이 있다. '바다의 흔들림'으로 풀이되는 이 단어 안에는 쓰나미 현상이 잘 표현되어 있다. 또한 마르키즈 제도°에서는 오래전부터 쓰나미 현상을 '넘치는 바다'라는 뜻의 '타이 토코(tai toko)'라고 불러 왔다.

2004년의 재앙으로 인해 전 세계의 수많은 사람들이 '쓰나

● ● ●

마르키즈 제도 쓰나미에 의해 정기적으로 타격을 입는 폴리네시아의 오래된 화산섬들. 모두 열 개의 섬으로 이루어져 있다.

미'라는 용어를 확실히 알게 되었다. 그런데 2006년 7월에 자바 섬°의 팡안다 지역을 파도가 황폐화시켰을 때, 언론에서는 일제히 '해일'이라는 용어를 사용했다. 그렇다면 쓰나미와 해일은 어떤 차이가 있을까? '해일'은 일반적인 조석 현상에 극단적인 기상 조건이 맞물려 바다에 혼란이 일어나고 해안으로 물이 범람하는 상태를 일컫는다. 그러나 쓰나미는 기상 현상과는 아무런 관계가 없다는 점에서 이와 분명한 차이가 있다.

쓰나미가 어느 정도의 파괴력을 가지는지, 또 바다에서 얼마나 떨어진 곳까지 영향을 미칠 수 있는지는 발원지에 따라 달라진다. 파쇄대의 면적과 파쇄대를 따라 일어나는 침강이 클수록 해저의 움직임도 커지고 이동하는 물의 양도 많아져 쓰나미가 더 멀리까지 퍼져나가 피해를 초래하게 된다.

전문가들은 그 영향의 범위를 기준으로 하여 쓰나미를 몇 가지 종류로 구분한다. 우선 발원지로부터 100킬로미터 안에서 관측되는 쓰나미를 **국지 쓰나미**라고 부른다. 이 경우에도 발원지와 가까운 곳은 피해가 상당하다. 한편 발원지에서부터 1000킬로미터 떨어진 곳까지 파괴력이 미치는 경우에는 **지역 쓰나**

● ● ● ●

자바 섬 인도네시아 서부 대순다 열도의 동남부에 있는 섬. 동서로 길쭉하게 뻗어 있으며, 모두 열 개의 섬으로 이루어져 있다.

미라고 부른다. 그리고 2004년에 발생한 것처럼, 발원지에서 수천 킬로미터 떨어진 해안까지 파괴할 수 있는 쓰나미는 **원거리 쓰나미**(teletsunami)라고 한다.(그리스 어로 'tele'는 '멀리 떨어져 있음'을 뜻한다.) 이는 '원거리 지진(teleseism)'이라는 용어에서 따온 것으로, 원거리 지진 역시 진원지로부터 2000킬로미터 이상 떨어진 곳에서 관측되는 지진을 가리킨다. 기억해야 할 것은, 원거리 쓰나미도 먼저 국지 쓰나미와 지역 쓰나미의 형태를 연이어 거친다는 사실이다.

2

다음 쓰나미는 **언제,**
어디에서 일어날까?

오래전에 일어난 쓰나미의 원인을 알 수 있을까?

대규모의 지진과 태풍, 화산 폭발처럼 쓰나미 역시 자연의 위협 앞에서 인간이 얼마나 나약한 존재인지 잘 보여 준다. 그러나 모든 자연 재해에는 원인이 있다. 이러한 재난들은 지구 활동의 특징적인 물리 체계를 원인으로 한다. 즉 수십억 년 전부터 존재해 왔고, 인류가 지구에서 사라진 뒤에도 계속될 체계를 따르는 것이다.

그렇기 때문에 최근 수세기 동안 일어났던 쓰나미의 관측 내용을 토대로 현재 쓰나미의 위험에 노출된 지역은 어디이며, 또 쓰나미가 언제 다시 발생할 것인지 예측할 수 있다.

인류의 역사에 기록된 쓰나미의 사례는 상당히 많다. 그중 어떤 자료들은 그 원인까지 언급한 경우도 있다. 예를 들어

1896년 일본의 쓰나미는 지진 때문이었으며, 기원전 1650년 그리스 산토리니의 쓰나미는 화산 폭발이 그 원인이었다고 한다. 특히 발생 원인이 쓰나미 현장 가까이 있었을 경우, 그리고 당시 사람들이 이를 파악했을 경우 이런 구체적인 기록을 남기게 될 확률이 크다. 그러나 쓰나미가 일어났다는 기록만 있고, 그 원인은 밝히지 않는 자료도 종종 있다. 1700년에 일본에서 발생한 대규모 쓰나미가 그러한 경우인데, 당시의 어떤 국지 지진도 그 원인으로 보기에는 적합하지 않았다. 이 엄청난 재해에 관해 수많은 연구가 계속 이루어진 끝에, 미국 서해안 먼 바다(미국 북서부, 태평양상에서 캐나다 국경과 맞닿아 있는 캐스케이즈 지역)에 위치하는 섭입대의 지진 때문에 쓰나미가 발생했을 것이라는 주장이 최근에 제기되었다. 미국 해안 지대의 나무들이 1700년을 전후하여 대량으로 죽었다는 사실은 이를 뒷받침하는 증거 중 하나다. 전문가들은 이러한 식물학적 관측 외에도 다양한 지질학적 관측과 쓰나미 시뮬레이션을 통해 쓰나미의 원인을 추적했다. 19세기부터는 쓰나미를 관측하고 그 원인을 확인하는 일이 더 쉬워졌기 때문에 이런 작업이 가능했다.

지금까지 얼마나 많은 쓰나미가 일어났을까?

쓰나미에 의해 가장 많은 타격을 입은 나라이자 쓰나미라는 용어를 만들기도 한 일본의 상황은 어떨까? 일본에서 2,000명 이상의 희생자를 낸 대형 쓰나미의 목록을 보면 중요한 사실을 알 수 있다. 1293년부터 1945년 사이에 이런 쓰나미는 총 열여덟 건이 발생한 것으로 추정된다. 평균 30년 내지 35년마다 한 번씩 쓰나미가 발생한 셈이다. 이렇게 태평양 연안에서 발생한 여러 차례의 쓰나미로 인해 모두 20만 명의 일본인이 희생되었으며, 그 원인은 대부분 국지적인 것이었다. 최근의 사례로는 1946년과 1983년, 1993년에 동해 연안에 피해를 입힌 세 번의 쓰나미와, 1994년과 2003년 태평양 연안에서 발생한 두 번의 쓰나미가 있다.

사람들이 글로 기록을 남기기 시작한 16세기 이후부터 현재까지의 자료를 보면, 그동안 몇 차례의 원거리 쓰나미와 수많은 국지 쓰나미가 남아메리카와 중앙아메리카의 태평양 연안을 강타했음을 알 수 있다. 이 일대는 규모 8.5 이상, 최대 9.5까지의 강도 높은 지진이 자주 발생하여 피해를 주는 지역이다. 1570년, 1687년, 1746년, 1868년, 1960년의 쓰나미는 모두 4만 명 이상의 희생자를 불러왔으며, 22시간가량 뒤에는 태평양을 가로질러 일본까지 다다랐다. 그중에서도 미국과 캐나다의 일부 지진대는 원거리 쓰나미를 일으켰는데, 앞에서 말한 1700년의 쓰나미가 바로 그것이다.

필리핀, 인도네시아, 파푸아 뉴기니가 있는 태평양 서쪽 지역에 대한 자료는 17세기 이후의 것만 존재한다. 1674년, 1899년, 1976년, 1992년, 1998년은 2만 명 이상의 희생자를 낸 거대한 쓰나미가 일어난 해다. 1992년 이후로는 1년에 한두 번씩 쓰나미가 계속 찾아오고 있다. 1883년, 자바 섬과 수마트라 섬 사이의 순다 해협에 있는 크라카타우 섬에서 일어난 유명한 화산 폭발은 해발 36미터를 넘는 거대한 파도를 발생시켰다. 이 어마어마한 파도는 아프리카 동부 인도양의 세이셸에서까지 관측되었다고 하며, 인도네시아에서 3만 6000명의 희생자를 낳았다.

마지막으로 주의할 태평양 지역은, 러시아 극동의 캄차카 반도에서 알래스카에 이르는 섭입대 지역이다. 1946년부터 1965년 사이 이곳에서 일어난 다섯 번의 쓰나미는 모두 아주 멀리 위치한 해안 지역을 침수시켰다. 1946년 이 지역에서 규모 8.7의 지진에 의해 발생한 쓰나미는 1960년 칠레의 쓰나미와 함께 20세기 태평양에서 일어난 두 가지 대재난으로 꼽힌다. 당시 하와이 만과 마르키즈 제도 내륙으로 파도가 700미터 이상 들이쳤고 일부 지점에서는 해발 16미터까지 치솟았다.

지중해에서도 쓰나미로 인한 재난이 많이 집계되었다. 이 목록의 첫머리를 장식하는 사건은 기원전 1650년 산토리니의 쓰나미로, 화산 폭발로 인한 당시의 쓰나미에 그리스 해안 전역이 초토화되었다. 또한 기원후 365년에 지중해 동부의 크레타 섬을 강타한 지진은 시칠리아 섬°과 이집트를 포함한 폭넓은 지역에 쓰나미를 일으켜 극심한 피해를 초래했다. 이로 인해 이집트의 알렉산드리아에서만 5만 명이 사망했다. 1303년, 크레타와 에게 해 남동쪽의 로도스 섬 사이에서 발생한 지진역시 강한 쓰나미로 이집트 해안에 막대한 피해를 입혔다. 비교적 최근에는 1908년에 이탈리아 남쪽 도시 메시나가 지진으로 크게 흔들린 적이 있는데, 그 지진으로 발생한 쓰나미로 인해 시칠리아와 칼라브리아 해안이 침수되면서 5만 명 이상이 희생되었다. 이 지역은 쓰나미 유발성 지진(쓰나미를 일으키는 지진)에 의해 정기적으로 피해를 입는 곳이기도 하다.

대서양 쪽을 살펴보면, 1755년에 리스본이 쓰나미를 동반한 지진에 피해를 입은 사례를 들 수 있다. 당시 쓰나미는 포르투

● ● ●

시칠리아 섬 이탈리아 반도 남서쪽 끝에 있는 섬. 지중해에 있는 섬 가운데 가장 크다.

갈 남쪽과 스페인 남서부의 안달루시아, 모로코의 해안을 침수시키고 9시간 후에는 멀리 앤틸리스 제도[•]까지 덮쳤다. 1867년에 카리브 해에서 일어난 쓰나미는 서인도 제도에 속하는 버진 제도 북쪽에서 발생한 지진이 원인이었다. 이곳의 많은 화산들은 아직도 활중 중인데, 최근 카리브 해 몬트세라트 섬의 화산 폭발은 서인도 제도의 과들루프 섬에서도 관측될 정도로 거대한 파도를 일으켰다.

전 세계의 자료를 바탕으로 했을 때 총 2200건의 쓰나미가 집계되는데, 그중 절반가량이 20세기에 일어났으며 전체의 59퍼센트는 태평양에서, 25퍼센트는 지중해와 인근 바다(역사적으로 가장 오래된 쓰나미가 발생한 것으로 기록된 곳)에서, 12퍼센트는 대서양과 발트 해에서 발생했고, 단 4퍼센트만이 인도양에서 발생했다. 20세기에 일어난 경우만 따지면 각각 77퍼센트, 9퍼센트, 10퍼센트, 4퍼센트라는 통계가 나온다. 이 쓰나미들 중에서 252건은 해발 1미터 이상의 수위를 기록했고 100건은 5미터 이상에 달했다. 5미터 이상 되는 쓰나미는 매년 나타났는데, 그중 다섯 건은 발원지로부터 5,000킬로미터 넘게 떨어

● ● ●

앤틸리스 제도 서인도 제도에서 바하마 제도를 제외한 섬들로 이루어진 지역.

진 곳까지 파도를 일으켰다.

쓰나미는 세계적으로 1년에 평균 열 번 발생하며 그중 한 번은 아주 큰 규모의 쓰나미로 주로 섭입대에서 일어난다.

다음 쓰나미는 언제, 어디에서 일어날까?

빈도와 정도의 차이만 있을 뿐, 쓰나미는 모든 대양과 모든 바다에서 일어날 수 있다. 특히 앞에서 살펴본 대규모의 섭입대 지진 발생 지역들에서는 언젠가 쓰나미가 분명히 다시 일어날 것이다. 또한 활화산이 분포돼 있는 섬과 해안 지역 역시 쓰나미 경계 지역으로 꼽는다. 해저 침강이 일어날 가능성이 있는 지역도 주의해야 하지만, 현재까지는 이런 지역이 어디인지 확실하게 파악하지 못하고 있다.

지금까지 쓰나미가 '어디에서' 일어났는지, 또 일어날 위험이 있는지 살펴보았는데, 그렇다면 그 시기가 구체적으로 '언제'일지는 어떻게 예측할 수 있을까? 이를 정확하게 규명하려면 그 원인이 되는 자연 현상을 먼저 파악해야 한다. 지진과 지각 침강, 화산 폭발에 관한 연구 분야는 최근 50년 동안 크게 발전했지만, 아직 정확히 예측하는 단계에는 이르지 못했다.

쓰나미는 모든 바다에서 일어날 수 있다.
특히 몇몇 지역은 쓰나미가 다시 발생할 가능성이 높은 위험 지역으로 꼽힌다.

그러기 위해서는 새로운 연구 프로그램을 가동해야 하는데, 여기에는 많은 기술적, 인적 자원이 필요하다. 예를 들어 지각판 경계 지역에 고감도 지진계를 전체적으로 구축하고, **측지학**° 을 이용해 지표면의 변형을 측정하는 동시에 정밀한 검조기를 이용한다면 지진이나 화산 폭발이 일어날 때 좀 더 확실히 파악할 수 있을 것이다. 또한 각 현상들이 진행되는 순간뿐 아니라 그 이전과 이후의 데이터들을 기록함으로써 전체적인 과정을 더 잘 이해하게 되고, 예측 또한 더 쉬워질 것이다. 하지만 현실적으로 쓰나미를 예측하는 일에는 훨씬 더 복잡한 문제들이 얽혀 있다.

한 가지 확실한 것은, 현재 해안 지역에 사는 인구는 급속히 증가하고 있으며 그렇지 않은 사람들도 언제든 지구 어딘가의 바닷가에 머무르게 될 수 있다는 것이다. 즉 우리 모두는 쓰나미의 위험에 잠재적으로 노출되어 있는 셈이다. 영국에 사는 초등학생이 일상생활을 할 때는 쓰나미의 위험에서 벗어나 있겠지만, 방학을 맞아 가족들과 태국에 놀러가게 되면 사정은

● ● ● ●

측지학 지구의 모양이나 크기, 지구 위 임의의 지점의 위치를 구하는 방법을 연구하는 학문. 지구 물리학의 한 분야로 지진학, 지질학과 관계가 깊다.

달라진다. 이 아이가 학교에서 쓰나미의 전조에 대해 제대로 배운다면, 혹시라도 쓰나미가 밀려올 때 수많은 관광객들에게 경고를 해서 모두를 위험으로부터 구할지도 모를 일이다.

여기서 기억해야 할 점은, **위험**이란 물리적인 **위험 요소**와 그 위험 요소에 공격당하기 쉬운 인적, 경제적 여건, 즉 **취약성**이 결합된 개념이라는 것이다. 예를 들어 쓰나미는 위험 요소이며, 해안가에 건물을 짓는 행위 등이 취약성을 높인다고 볼 수 있다. 위험 요소에 대해 더 많은 지식을 쌓고 취약성을 최대한 감소시킬 때 위험을 제대로 예방할 수 있다.

3

얼마나 큰 쓰나미가 올지 알 수 있을까?

어떤 쓰나미가 올지 어떻게 예측할까?

쓰나미라는 위험 요소에 대해 정확한 지식을 얻는 방법 중 하나는 예측 모델을 이용하는 것이다. 이때 모델은 실제 상황을 축소하여 만든 모형일 수도 있고, 컴퓨터 프로그램을 이용한 것일 수도 있다. 중요한 것은 해안 지역의 변화에 잘 대처할 수 있도록 최대한 많은 요소들을 고려하고, 사건이 실제로 발생하는 순간 즉각 경보 태세에 들어갈 수 있도록 하는 것이다. 모델을 통해 정확한 시나리오를 완성할 경우, 침수가 가능한 지역을 미리 파악할 수 있을 뿐 아니라 파도의 영향이 미치지 않는 안전한 대피 도로의 위치까지 알 수 있다. 그리고 쓰나미 경보가 발령되면, 모델을 통해 바다의 실제 수위를 예측해서 해안에 미칠 영향을 미리 가늠해 볼 수 있다. 이런 방법은 파도가 들이닥치기 전까지 어느 정도 시간이 확보되는 지역, 즉 발원지로부터 멀리 떨어져 있는 곳일수록 더 효과적이다.

컴퓨터상에서 쓰나미 모델을 만들 경우에는 원인 요소들을 먼저 계산한 뒤 파도의 전파 속도를 측정해야 한다. 쓰나미는 지질학적 원인에 의해 파도라는 파동이 전파되는 현상이기 때문이다.

지진으로 인한 쓰나미에 대해서는, 1970년대부터 지진학자들이 10여 개의 매개변수°를 측정하여 이로부터 지표면의 움직임을 계산하는 방법을 개발해 냈다. 이 매개변수에는 파쇄대의 면적, 파쇄대를 따라 일어나는 침강의 크기 등이 포함된다.

그러나 지각의 침강이 쓰나미를 일으키는 경우에는 계산하기가 훨씬 더 복잡하다. 원인이 되는 현상과 파도는 동시에 움직이기 시작하기 때문에, 파도의 전파와 지표면의 변형을 한꺼번에 계산할 수 있어야 한다.

● ● ●

매개변수 몇 개의 변수 사이에 함수관계를 정하기 위해서 사용되는 또 다른 변수.

파도의 움직임을 어떻게 계산할까?

먼 바다에서는 파도의 움직임을 처리하기가 상대적으로 쉽다. 우선 해저가 피스톤처럼 위아래로 움직이면서 바다의 수위를 올리거나 내리는 것으로 가정하고 계산을 시작해야 한다. 물은 해저에서 일어난 충격을 연이은 움직임으로 전달하기 때문에, 이를 한꺼번에 압축할 수는 없다. 다음으로는 나비에 스토크스 방정식*을 여기에 적용하여 시간에 따른 파도의 높이를 계산한다. 그러면 컴퓨터는 각 지점별 바다의 수위와 속도값을 계산해 낼 수 있으며, 이 방법은 쓰나미가 바다 전체를 가로지를 때까지 유효하다.

방정식을 풀기 위해서는 바다를 수많은 작은 블록 단위로 자르는 방법을 사용한다. 바다의 수면을 윗면으로, 바닥을 아랫면으로 하는 각각의 물기둥에 대해 매순간 나비에 스토크스 방정식을 적용하는 것이다. 이때 블록은 지속적으로 균형을 유지하며, 블록이 올라가거나 내려가는 것은 옆에 있는 블록들이 가하는 압력 때문이라고 전제한다. 각각의 블록은 물기둥의 높

● ● ●

나비에 스토크스 방정식 점성을 가진 유체에 대한 일반적인 운동 방정식.

이에 따라 각기 다른 수치로 나타나며, 그 높이는 파동의 전파 속도를 결정짓는 쓰나미의 속도와 연관된다. 모든 블록에 대해 물의 높이 값을 설정하려면 해저 지형에 대한 정확한 정보가 필요하다. 1950년대 이후 시행된 수많은 해양학적 조사와 1970년대 이후에 이루어진 인공위성의 비약적인 발전 덕분에 현재는 상당히 정확한 정보를 구축하였다.

먼 바다에서 파동의 파장은 아주 길기 때문에, 계산의 단위가 되는 블록도 상당히 커서 수 킬로미터 정도가 된다. 파동이 짧아지면 블록도 더 작아지는데, 약 20미터 크기까지 줄어든다. 이런 계산 과정에서 부딪히는 큰 어려움 중 하나는, 해안에 가까워질수록 블록을 점점 더 작게 만들어야 한다는 것이다. 또한 파동을 계산하기 위해서는 해저 지형과 수면 위 지형에 대해 정확한 수치를 파악해야 한다. 인공위성은 항구 근처의 물 높이를 지속적으로 보여 주지 못하기 때문에 배를 이용해 직접 조사를 할 수밖에 없다. 이렇게 해안에 인접한 해저 지형은 정확한 정보를 확보하기 쉽지 않아서, 항구나 만 지역의 쓰나미 시뮬레이션을 설계하는 작업에는 아직 한계가 따른다.

어떤 예측 방법이 가장 정확할까?

1990년대 이후 고성능 컴퓨터의 개발 덕분에 쓰나미에 대한 수치 시뮬레이션 모델을 만드는 작업은 한결 쉬워졌다. 47쪽의 그림이 보여 주듯, 발원지만 분명하게 파악된다면 모델의 시뮬레이션 결과만 가지고 바다 전 지점에서 파도의 높이 변화를 확인할 수 있다. 사실 현존하는 해저 관측소와 고도 측정용 인공위성 몇 대를 모두 동원한다 하더라도 바다의 수위에 대해 아주 부분적인 자료밖에 얻을 수 없다. 대개는 해안의 몇몇 지점만, 그것도 물이 깊은 곳만 관측이 가능하다. 그렇기 때문에 컴퓨터 시뮬레이션의 중요성은 점점 더 부각되고 있다.

기상학자들이 시뮬레이션을 통해 대기 조건을 파악하고 기상 상태를 예측하는 것처럼, 실제 쓰나미가 발생했을 때 바다의 수위 역시 조만간 정확하게 예측할 수 있게 될 것이다. 하지만 현재로서는 일기 예보를 할 때만큼 충분한 자료를 확보하기는 힘들며, 그 원인 자체도 더 복잡하다. 따라서 쓰나미 시뮬레이션은 우선적으로 예방 차원에서 사용된다. 미래에 있을 법한 쓰나미의 시나리오를 연구하여 그 영향이 어느 정도일지를 점검하는 것이다.

47쪽의 그림을 보면, 쓰나미 모델은 파쇄대와 직각을 이루는 방향으로 쓰나미의 영향이 가장 크게 전파된다는 것을 확실히 알 수 있다. 즉 파쇄대 맞은편의 가장 가까운 해안 지역을 가장 강력한 힘으로 강타하는 것이다. 이렇게 파도가 특정 방향으로 움직일 때만 큰 힘을 미치기 때문에, 다른 방향에 위치한 해안 들은 상대적으로 약한 영향을 받게 된다. 심지어 일부 해안에 는 파도가 전혀 나타나지 않을 수도 있다.

디지털 모델을 만들면 처오름높이의 관측 수치가 왜 일정치 않은지도 밝힐 수 있다. 이를 위해 전문가들은 지구 물리학자 와 지진학자의 협조하에 발원지와 관련된 여러 가지 매개변수 를 테스트하는데 그 결과 종종 진원지 자체에 대한 토론이 벌 어지기도 한다. 겉으로 드러나는 지진과는 달리, 섭입대 지진 의 지질학적 영향은 현장에서 바로 측정할 수 없어 새로운 방 식의 접근이 필요하다.

시뮬레이션 방법은 한 가지로 고정되어 있는 것이 아니라, 실제 관측 사실과의 대조를 통해 끊임없이 재검토된다. 2004년 수마트라의 쓰나미는 상당히 많은 자료를 제공했고, 덕분에 다 양한 시뮬레이션 방법을 세밀하게 시험할 수 있었다. 이런 정 보는 특히 쓰나미에 의해 발생하는 소용돌이나 파도, 각종 시 설물과 건물의 제동 효과 등에 대한 모델을 개선하는 데 도움 이 된다. 이런 작업을 할 때 무엇보다 초점을 맞추어야 하는 부

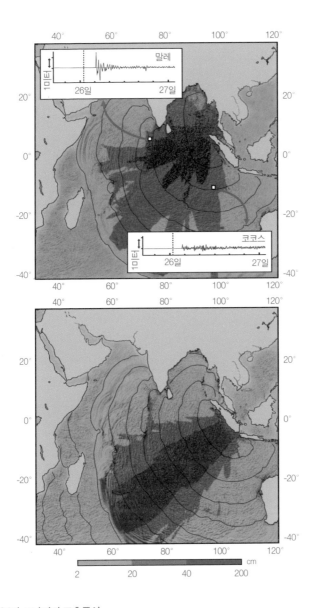

2004년 쓰나미의 조후곡선

위 그림은 2004년 12월 쓰나미가 통과하는 순간의 바다 상태를 나타낸 것이고, 아래 그림은 지진 발생 7시간 후 수마트라 남쪽에 전달된 쓰나미의 여파를 나타낸 것이다.(점선은 지진 시각을 나타 낸다.) 검은색과 짙은 회색으로 표시된 최대 파고는 지진의 단층과 수직을 이루는 방향으로 나타 난다. 검은색으로 표시된 몰디브 말레 지역의 조후곡선이, 회색으로 표시된 코코스 제도의 조후 곡선보다 네 배 높은 파고를 보이고 있다.

분은 쓰나미 위험 지역에 대해 최선의 예방책을 마련하는 것이다.

4

쓰나미를 어떻게
예측하고 피할까?

먼 미래의 쓰나미는 어떻게 예측할까?

이제 이 책의 주제에 대해 이야기할 차례다. 쓰나미가 발생하기 전에 이를 예측하려면 어떻게 해야 할까? 특히 대규모의 지진이 발생할 때 그 여파로 쓰나미가 일어날지, 그 시기와 정도는 어떨지 미리 예측할 수 있을까?

특정 지역에 다음 지진이 언제 발생할지, 어떤 단층이 생길지, 단층의 어떤 부분이 움직일지, 몇 미터, 또는 몇 센티미터가 움직일지 현재로서는 예측할 수가 없다.

그러나 남아메리카 연안과 같은 일부 지역에 대해서는 지진에 관한 500년간의 기록이 남아 있고, 일본의 경우는 1300년 이상의 정보가 누적되어 있다. 특히 규모 8 이상의 지진이 발생하는 섭입대들에 대해서는 과거의 대지진 발생 여부와 그 시기, 지진의 규모 등의 정보를 분명히 알 수 있다. 이러한 자료에 근거하면 대지진의 **반복 주기**, 즉 비슷한 규모의 두 지진 사이의 평균적인 발생 간격을 도출할 수 있다. 지진의 최대 규모 또한 비교적 정확하게 추정할 수 있으며, 침강하는 지각판의 경사 각도를 계산하거나 섭입에 의해 형성된 해구˙의 방향을 기준으로 파쇄대의 모양을 묘사하는 것도 가능하다.

일례로 칠레 북부에서 가장 최근에 대지진이 일어난 것은 1877년이었으며, 조금 더 북쪽에 위치한 지역과 조금 더 남쪽의 지역에서는 각각 2001년과 1995년에 지진이 발생했다. 이 정보에 의하면, 앞으로 10년 안에 쓰나미를 유발하는 강진이 이곳에서 일어날 가능성이 아주 크다고 예측할 수 있다.

하지만 2004년의 쓰나미 사태에서 알 수 있듯이, 지구 물리학적 정보가 많이 부족한 지역들도 많다. 수마트라 북부 지역에 규모 8 이상의 지진이 발생할 거라고 예상한 지진학자는 아무도 없었지만 당시 지진의 규모는 9.2에 달했다. 2006년 7월, 규모 7.7의 지진이 일어난 자바 섬 연안도 그런 '정보의 빈틈'이 존재하는 지역에 해당한다. 당시의 지진으로 인해 이 지역에 앞으로 훨씬 더 강한 지진과 대규모의 쓰나미가 발생할 가

● ● ●

해구 대양 밑바닥에 좁고 긴 도랑 모양으로 움푹 들어간 곳.

능성을 배제할 수 없게 되었다.

화산 폭발 역시 예측이 불가능하다. 물론 수십 년 전부터 수집해 온 몇몇 화산의 폭발 유형에 대한 자료를 바탕으로 단기적인 위험은 충분히 예측할 수 있다. 하지만 쓰나미를 유발해 인근 지역에 엄청난 피해를 줄 수 있는 대규모 화산은 그런 방법으로 예상하기 힘들다. 최근의 예로는 1995년부터 활동에 들어간 몬트세랫 섬의 화산을 들 수 있다. 2003년 7월과 2006년 5월, 화산의 정상 부분이 아무런 예고도 없이 갑자기 내려앉았는데, 두 번 다 해저에 충격을 미치면서 쓰나미를 불러왔다. 수십 센티미터 높이의 쓰나미 파도는 10여 분 후에 과들루프에 다다랐고, 그곳에서 수위는 해발 1~3미터에 이르렀다. 그리고 일부 강에서는 강물을 역류하면서 낚싯배를 파손시키는 **해일파**˚로 🍎 바뀌기도 했다.

● ● ●

해일파 만조나 폭풍, 해저 화산 폭발 등으로 인해 강 하구로 바닷물이 역류하면서 일어나는 거센 파도.

멀리서 일어난 쓰나미는 어떻게 예측할까?

발원지로부터 아주 멀리 떨어진 곳에서 발생하는 원거리 쓰나미는 어떻게 예측할까? 원거리 쓰나미는 거의 모두 대지진에 의해 초래되는데, 이 쓰나미가 어느 정도의 파괴력을 지니는지 예측하는 작업은 지진의 진동이 일어난 지 수 내지 수십 분 안에 이루어져야 한다. 즉 '쓰나미가 언제 도착할 것인가?', '어떤 지역을 덮칠 것인가?', '쓰나미의 파고가 얼마에 이를 것인가?' 등의 질문에 신속한 답을 구해야 하는 것이다.

쓰나미의 도착 시각을 예측하는 일은 상대적으로 쉽다. 1970년대 이후로 해저 지형에 관해 상당한 지식을 확보한 덕분에 최근에는 쓰나미의 횡단 시간을 신속히 추정할 수가 있게 되었다. 지진이 발생한 위치와 시각이 확인되면 인근 해안과 여러 섬들에 쓰나미가 도착하는 시각이 10여 분 오차 내에서 즉시 도출되는데, 이는 상당히 정확한 수치로서 이를 근거로 경보를 발령할 수 있다. 이때 경보 내용에는 쓰나미의 도착 시간이 명확히 기재된다.

쓰나미에 타격을 입을 수 있는 지역을 정확히 확인하는 작업은 좀 더 까다롭다. 과거의 쓰나미 발생 지역과 그 영향 정도를 파악하여 현재의 위험을 추산할 수 있으며, 쓰나미 시뮬레이선을 통해 해안 지역의 위험 정도를 파악할 수는 있다. 하지만 현재로서는 이런 계산에 필요한 자료가 충분히 확보되지 않아, 이런 방법을 적용할 수 있는 지역은 많지 않은 실정이다.

앞으로는 실시간 측정 방법이 주로 사용될 것으로 보인다. 이는 쓰나미가 오고 있는 순간에 측정한 바다 수위와 쓰나미 시뮬레이션 모델을 함께 사용하는 것이다. 그렇게 해서 쓰나미가 진행되는 동안 그 파괴력의 정도, 즉 처오름높이와 예상 지역의 침수 정도를 실시간으로 예측할 수 있다.

이 방법을 사용하기 위해서는 쓰나미가 전파되는 동안 바다의 수위 변화를 즉각 파악할 수 있어야 한다. 고르게 분산된 여러 관측 지점에서 최대한 많은 정보를 얻어야만 쓰나미의 전파 상황을 놓치지 않고 추적할 수 있다. 대부분의 경우 먼 바다에서 쓰나미 파도의 파고는 겨우 수 센티미터 정도이며 예외적인 경우에도 수십 센티미터밖에 되지 않기 때문에 이 작업은 아주 어렵고도 중요하다. 이 경우 대부분 국지 쓰나미나 지역 쓰나미에 해당하며 수십 킬로미터 정도 범위의 해안에 도달한다. 이런 파도는 큰 피해를 주지는 않으므로 신속하게 탐지한 후 경보 상황을 최대한 빨리 해제할 수 있다.

쓰나미의 영향을 예측할 때 가장 어려운 점은 파쇄대의 모양을 빠르고 자세하게 알아내는 것이다. 지진 발생 직후에는

실시간 측정 방법을 사용하면 쓰나미가 진행되는 도중에도
어느 지역에 어느 정도의 피해가 생길지 바로 예측할 수 있다.
이를 위해서는 바다의 최대한 많은 지점에서 수위 변화를 측정해야 한다.

파쇄대의 정확한 위치와 길이, 넓이, 파쇄대를 따라 이루어진 침강의 정도를 알 수 없다. 최소한 며칠 동안의 조사가 필요한 데, 발원지에 관한 정보를 최대한 빨리 얻기 위해서는 기존의 침강 수치를 이용해 미리 계산해 둔 조후곡선과 실제 조후곡선을 비교해야 한다. 이 결과를 바탕으로 더욱 다양한 요소들이 복합적으로 작용하는 해안에 어떤 영향이 미치게 될지를 모델로 만들 수 있다. 물론 지진의 원인과 쓰나미 자체가 처음부터 분명히 드러나는 것은 아니기 때문에 침수 예상 지도 역시 100퍼센트 정확할 수는 없다. 그러나 이런 예상 지도가 있으면 안전한 지역이 어디인지 예상할 수 있으며, 사람들을 보호하기 위한 좀 더 효과적인 대책을 마련할 수 있다. 이러한 예측 체계는 하와이에 있는 태평양 쓰나미 경보 센터에 조만간 구축될 계획이다.

쓰나미를 경고하는 신호에는 어떤 것이 있을까?

2004년 12월 26일, 인도네시아 수마트라 섬의 반다아체 지역과 스리랑카, 태국의 해안을 따라 쓰나미가 발생했을 때 대부분의 사람들이 밀려드는 파도를 피하지 못했다.

해안 가까이에서 쓰나미의 파장은 수 킬로미터에 달한다. 파고가 수십 센티미터를 넘지 않는 경우에도 해안 지역으로 넘치는 물의 양은 상당히 많다. 보통 침수가 일어나면 파도는 바닷가에 있던 수많은 물건들을 집어삼킨 채 육지로 향하기 때문에 매우 위험하다. 파도는 빠져나갈 때도 자동차, 사람 할 것 없이 모두 휩쓸어 버린다. 파도의 높이가 수 미터만 돼도, 건물까지 포함해 지나가는 길에 있는 모든 것을 파괴하며 큰 재해를 발생시킨다.

지진이 일어난 지역에서는 지진파에 의한 진동을 쓰나미의 첫 번째 경고로 생각할 수 있다. 그 후 바닷물이 몇 분 동안 일제히 빠져나가면 쓰나미 파도가 곧 도착한다는 신호로 받아들여야 한다. 바닷물이 빠른 속도로 빠져나간다는 것은, 그만큼 빠르게 다시 들어올 것이라는 의미이기 때문이다. 그 밖에도 수많은 새들이 갑자기 날아오르거나, 코끼리가 묶여 있던 줄에서 빠져나가려고 발버둥을 치거나, 기타 야생 동물들이 달아나는 것 역시 재난을 예고하는 신호다. 그런 신호들이 눈에 띄면 공식적인 경보를 기다리지 말고 당장 해안으로부터 멀리 피해야 한다. 가능하다면 해발 수십 미터 정도의 높은 지역으로 재빨리 이동하고, 만약 평평한 지역으로 대피할 수밖에 없다면 바닷가에서 되도록 멀리 떨어진 육지 내부로 들어가 견고한 건

물 꼭대기로 몸을 피해야 한다. 또 한 가지 꼭 기억해야 할 사실은, 쓰나미는 연속적인 파도를 일으키기 때문에 보통 10~30분마다 계속 밀려온다는 것이다. 따라서 높은 곳의 안전한 장소에서 몇 시간 동안 머물며 공식적인 경보 해제를 기다려야 한다.

만약 수영을 하고 있는데 바닷물이 빠르게 빠져나가는 것이 보인다면 그 즉시 바다에서 나와 도망쳐야 한다. 첫 번째 파도가 몇 분 안에 도착할 것이기 때문이다. 만약 해안까지 갈 틈이 없다면, 나무처럼 물에 뜨는 물건을 꼭 붙잡거나 거기에 올라가서 몸을 웅크리고 있다가 첫 번째 파도가 빠져나가면 즉시 달아나야 한다. 결코 잊지 말아야 할 것은, 대부분의 경우 가장 높은 파고를 가진 파도는 첫 번째 파도가 아니라는 것이다.

쓰나미 경보가 발령되면 어떻게 해야 할까?

발원지가 먼 쓰나미를 예고하는 경보가 발령되었을 경우에는 어느 정도 시간이 있다. 주위 사람들에게 최대한 빨리 이 사실을 알리고 물과 식량, 옷가지, 라디오 등을 챙겨서 대피 시설로 가야 한다. 해안에서 멀리 떨어져 있거나 지대가 높은 안전 지역에 살고 있다면, 위험 지역에서 대피해 온 사람들이 이동하는 데 방해가 되지 않도록 움직이지 않는 편이 좋다.

만약 바다 한가운데 있는데 지진이 느껴지거나 인근 지역에 쓰나미 경보가 발령되었다면, 경보가 해제될 때까지 먼 바다에 머무르면서 해안으로부터 최대한 거리를 유지하는 것이 안전하다. 수심 100미터가 넘는 곳에서는 쓰나미의 파도가 아주 미미하게 나타나기 때문이다. 이와는 반대로 부두나 만의 정박지에 있다면 신속히 먼 바다로 나가야 한다. 항구나 만의 경우 쓰나미의 첫 번째 파도 직전에 빠져나가는 예고성 썰물은, 지형적 특성 때문에 소용돌이와 해류가 더해지면서 더 빨리 빠져나가는 경향이 있다. 바닷물이 빠르게 빠져나가는 것이 보이는데 배를 타고 나갈 시간이 없다면 육지 쪽으로라도 신속하게 피해야 한다. 일반적으로 항구가 위치하는 만 지역은 쓰나미가 쉽게 들이쳐 더 큰 타격을 입기 쉽다.

5

누가 사람들에게
쓰나미를 알릴까?

쓰나미를 알리는 국제기구가 있을까?

쓰나미를 피하는 일이 그리 쉽지는 않지만, 지구 물리학적 감시 체계와 바다 수위 측정 장치가 함께 가동되어 쓰나미를 알리고 사람들을 안전한 곳으로 대피시키는 데 기여하고 있다. 이러한 네트워크는 일차적으로는 지진과 관련된 자료를, 이차적으로는 쓰나미와 관련된 자료를 계속해서 기록한다. 그렇다면 이러한 자료를 받아서 만일의 위험을 사람들에게 알리는 일은 누가 할까?

쓰나미는 모든 바다, 모든 대양의 연안에 영향을 미칠 수 있는 현상이다. 따라서 국제적 협력하에 국가별 감시 체계를 공통적으로 갖추어야만 유기적인 경보망을 마련할 수 있다. 쓰나미의 경보 시스템과 관련된 활동을 통괄하는 일은 국제연합교

육과학문화기구(UNESCO, 유네스코)가 맡고 있다. 쓰나미가 잦은 피해를 입히는 태평양 지역에는 1965년부터 경보 시스템이 갖추어졌으며, 지역 경보 본부들이 설치되어 각 책임 지역을 맡아 관리하고 있다. 그러한 경보 본부는 지구 물리학자와 해양학자들이 관리하며, 감시 체계로부터 실시간으로 정보를 전달받는다.

태평양에 강진이 발생해 쓰나미의 위험이 있을 경우, 담당자들은 일단 지진과 쓰나미의 특성을 파악한 다음 국가별 경보 본부 및 쓰나미 전담 부서에 정보나 경보 메시지를 보낸다. 여기서 쓰나미 전담 부서는 1년 365일, 하루 24시간 내내 가동하면서 강진의 발생 사실과 쓰나미 위험 가능성을 시민의 안전을 책임지는 다른 부서에 알려야 한다. 첫 번째 경보 메시지를 전송할 때부터 지진 발생 시각과 위치, 규모 등이 표시된다. 그후 해수면 관측소에서 기록하는 파도의 추이에 변동 사항이 생기면 새로운 메시지가 다시 전송된다. 쓰나미의 발생 가능성이 높아지면 쓰나미의 예상 도착 시간도 경보 메시지에 새롭게 표시된다. 쓰나미의 첫 번째 파도를 최대한 정확하고 신속하게 탐지하는 일은 위험에 대처하기 위해서도 중요하지만, 반대로 사람들을 쓸데없이 대피시키지 않게 한다는 의미도 있다. 쓰나미가 닥치지도 않았는데 사람들을 대피시키면 경보 시스템의 신뢰가 떨어질 뿐 아니라, 당황한 사람들 속에서 예기치 못한 인명 피해가 생길 수도 있다.

앞에서도 이야기했듯이, 일부 해안에서는 큰 재난을 일으키는 쓰나미가 같은 대양의 다른 쪽 해안에서는 아무런 피해를 주지 않을 수도 있다. 따라서 같은 상황에서도 나라마다 서로 다른 결정을 내리는 경우가 흔하다. 마르키즈 제도나 하와이 열도 같은 몇몇 군도는 태평양 지역에서 오는 쓰나미의 위험에 크게 노출되어 있어서 거의 무조건 경보가 발령된다. 그에 비해 투아모투 제도˚ 같은 환초˚ 지역은 대부분 자연적으로 보호가 된다. 해저가 매우 가파른 경사를 이루고 있어 파도의 상당 부분이 먼 바다로 다시 되돌아가기 때문이다.

어쨌든 태평양 연안의 수많은 관광지 중 어딘가에서 시간을 보내고 있다면 누구든 쓰나미 경보를 받을 수 있다. 아주 외진 장소나 혹은 경보 시스템에 적극적으로 참여하지 않는 나라에 있는 경우를 제외하고 말이다.

● ● ●

투아모투 제도 태평양 남동부, 프랑스령 폴리네시아 동쪽에 있는 산호초 섬의 무리. 80여 개 환초로 이루어져 있다.
환초 고리 모양으로 배열된 산호초. 안쪽은 얕은 바다를 이루고 바깥쪽은 큰 바다와 닿아 있다. 주로 태평양과 인도양에 분포한다.

2005년 말부터는 인도양의 모든 나라가 쓰나미 전담 부서를 갖추고 있으며, 인도양과 카리브 해(카리브 해는 2006년 중반부터)에서 강진이 발생할 경우 태평양 지역 경보 본부로부터 관련 정보와 전문가 의견을 담은 메시지가 도착한다. 지중해와 대서양 북동부에도 쓰나미 경보 시스템이 곧 설치될 예정이다. 그렇게 되면 위험에 노출된 주요 지역 모두가 경보 시스템 감시하에 들어가게 된다.

누가 사람들을 대피시킬까?

관할 기관과 주민들이 경보가 발령되었을 때 어떻게 대처해야 하는지를 모른다면, 앞에서 말한 모든 감시 체계와 경보 기구도 아무 소용이 없다.

프랑스령 폴리네시아는 프랑스 땅 중에서 유일하게 쓰나미에 대한 특별구호계획(SAP)을 세워 대처하고 있는 곳이다. 이 계획에 따라 폴리네시아 쓰나미예방본부는 쓰나미에 대한 다양한 정보와 행동 요령을 알리는 역할을 맡는다. 과학적 정보와 경보 발령 기준, 각 경보 단계의 기준(지진의 규모 및 진원지까지의 거리에 따라 녹색에서부터 적색까지 네 가지 경보 단계가 있다.), 각 관계자들의 대처 요령 등이 여기에 포함된다.

프랑스 본토와 해외 프랑스령의 경우에는 도지사와 고등판무관[*]이 쓰나미 위험 시 사람들을 대피시키는 권한과 책임을 각각 맡는다. 또한 민간 안전 관리 기구는 쓰나미 특별구호계획을 개시하고 사람들에게 경보를 알려 안전한 곳으로 대피시키는 일을 지역 차원에서 실행한다. 사람이 살고 있는 프랑스령 폴리네시아의 섬 60여 군데에는 2008년까지 경보 사이렌이 설치될 예정이다. 쓰나미나 태풍 경보 발령 시 타히티 민간 안전 부서에서 이 사이렌을 울리고 헌병, 경찰, 소방대원, 군대가 나서서 사람들을 해변과 항구로부터 철수시켜 안전한 곳으로 대피시키게 된다. 이들은 침수 지역 및 대피 도로와 안전 지역이 표시된 지도를 참고하여 이동한다. 해안가에는 유네스코가 만든, 쓰나미 위험 지역과 대피 도로가 표시된 특별 신호 표지도 세워져 있다.

경보 본부의 마지막 임무는 경보를 해제하는 것이다. 각 국가의 본부에서 그 책임을 맡고 있는데, 관할 지역의 조후곡선과 다른 모든 관측 사실을 고려하여 결정을 내린다. 일반적으

● ● ● ●

고등판무관 독립국으로부터 그 나라의 피보호국, 종속국, 점령국 등에 파견되는 상임사절.

로 파고가 수십 센티미터 이하로 내려가면 경보가 해제된다. 그러나 대규모 쓰나미의 경우 항구와 일부 만 지역은 첫 번째 파도가 찾아오고 몇 시간이 지난 뒤에도 강한 물살이 여전히 남아 있어 배를 떠내려가게 할 수 있으므로 주의해야 한다.

현재 각 나라의 경보 시스템은 얼마나 신속하고 또 신뢰할 만할까? 이를 확인하기 위해 일본과 미국, 칠레, 프랑스령 폴리네시아에서는 정기적으로 경보 및 대피 훈련을 실시한다. 이 시스템의 효율성을 높이기 위해 필요한 절차를 밟는 것은 각 나라가 해야 할 일이다.

경보 시스템에 꼭 필요한 기본 요소로는 실시간 감시 체계와 경보 기관, 예방 프로그램, 위험 요소에 대한 측정 체계 등을 들 수 있다. 이 시스템이 실제적으로 효과를 발휘했다고 볼 수 있는 조건은 다음과 같다. 즉 강진이 일어난 후 10분 안에 경보 본부가 민간 안전 관리 부서에 정확한 위험 내용을 통보하고, 쓰나미가 도착하기까지의 시간을 이용해 위험 지역 내의 모든 사람들이 안전한 곳으로 제때 대피해야 한다. 무엇보다 각국의 정부가 위험에 민감하게 대처하는 자세를 가지지 않는다면, 이런 시스템은 효과를 발휘할 수가 없다. 그러나 현재 많은 나라가 이 점을 소홀히 하고 있다.

쓰나미로부터 어떻게 우리를 지킬 수 있을까?

그렇다면 해변에서 편안히 쉬고 있는 관광객과 바닷가에 사는 어부, 그 밖의 모든 사람들에게 어떤 충고를 해야 할까? 대부분의 해안은 쓰나미가 발생할 확률이 100년에 한두 번이 채 되지 않지만 그 가능성은 어느 해안에도 존재한다. 기억해야 할 것은, 쓰나미는 전조 신호가 분명히 존재한다는 사실과 그 신호를 스스로 알아보는 법을 배워야 자신을 지킬 수 있다는 것이다.

최근 수십 년 동안 쓰나미 현상을 연구한 과학자들은 쓰나미의 원인과 전파되는 방식을 규명했고, 해안에 따라 왜 그토록 다른 양상이 나타나며 각기 다른 영향을 미치는지도 밝혀냈다. 이런 연구 결과를 바탕으로 태평양 연안에는 1940년대부터, 일본과 하와이에는 정확히 1946년부터 쓰나미 관리 기구들이 설치되어 예방과 경계 작업을 해 왔으며 최근에는 예측까지 할 수 있게 되었다.

이제 충분한 인적, 재정적 자원만 투입된다면 가까운 미래의 쓰나미는 충분히 예측할 수 있다. 쓰나미를 예측하는 작업은 구체적으로 두 가지를 목표로 한다. 첫 번째로 바다 근처에서 대규모의 지진이 발생했을 때 인근 해안이 위험한지, 그리고 대피가 필요한지 여부를 적절한 시간 내에, 혹은 즉시 확인할 수 있어야 한다. 그리고 두 번째로 잠재적 위협이 되는 파도를 일찍 탐지하여, 위험한 해안에 있는 사람들을 안전한 곳으로 미리 대피시킬 수 있어야 한다.

지금도 예측의 정확도를 높이고 각각의 지진과 쓰나미의 특징을 즉각 파악하기 위한 다양한 방법들이 고안되고 있다. 이러한 방법들이 효과를 거두려면 실시간으로 바다 수위를 측정하는 관측소가 충분히 설치되고 지구 물리학적 탐지 활동이 활발히 기능을 수행하는 동시에, 경보 기구들이 안정적으로 가동되어야 할 것이다. 쓰나미 예측을 위한 이런 치밀한 네트워크는 지진을 예측하는 데에도 긍정적인 영향을 미칠 것으로 보인다.

2004년의 재난은 쓰나미에 대한 관리가 국제적인 차원에서 이루어져야 함을 일깨워 주었다. 그러나 대부분의 나라에서는, 관련 네트워크와 기관을 위한 투자 자금 및 관리 비용이 충분히 마련되지 못한 실정이다. 여러 해안 지역에 급속도로 인구가 증가함에 따라 취약성이 크게 높아지고 있는 것도 걱정스러운 부분이다.

실제로 쓰나미를 만났을 때 스스로를 지켜 낼 수 있으려면 쓰나미와 그 위험에 대해 최소한의 정보를 갖추어야 한다. 또한 쓰나미를 신속하고도 정확하게 예측하기 위해서는 관할 기

바다 근처에서 대규모 지진이 일어나면 국가별 관할 기관들이 쓰나미의 위험이
얼마나 큰지를 신속히 파악하여 해안에 있는 사람들을 즉각 안전한 곳으로 대피시킨다.
이를 위해서는 쓰나미 측정 기관 및 경보 기구들이 치밀한 네트워크를 이루어야 한다.

관과 정부 책임자들의 역할이 무엇보다 중요하다. 신뢰할 만한
예방 및 대비 정책, 연구 프로그램을 갖추고 감시 네트워크와
관리 기관이 활발히 기능할 수 있도록 뒷받침할 필요가 있다.

더 읽어 볼 책들

- 크리스토프 부아쟁, 한정석 옮김, 『**지진과 해일은 예측이 가능한가**』(웅진지식하우스, 2007).

- 좌용주, 『**리히터가 들려주는 지진 이야기**』(자음과모음, 2006).

- 로지 그린우드, 김미형 옮김, 『**지진 해일이 왜 일어날까요?**』(다섯수레, 2005).

옮긴이 | 김성희

부산대 불어교육과 및 동대학원을 졸업했으며 현재 전문 번역가로 활동 중이다.

민음 바칼로레아 57

쓰나미를 예측할 수 있을까?

2판 1쇄 펴냄 2021년 3월 30일
2판 5쇄 펴냄 2024년 8월 8일

1판 1쇄 펴냄 2008년 10월 17일
1판 2쇄 펴냄 2013년 9월 19일

지은이 | 엘렌 에베르, 프랑수아 셍들레
감수자 | 홍태경
옮긴이 | 김성희
발행인 | 박근섭
펴낸곳 | ㈜민음인

출판등록 | 2009. 10. 8 (제2009-000273호)
주소 | 06027 서울 강남구 도산대로 1길 62 강남출판문화센터 5층
전화 | 영업부 515-2000 **편집부** 3446-8774 **팩시밀리** 515-2007
홈페이지 | minumin.minumsa.com

도서 파본 등의 이유로 반송이 필요할 경우에는 구매처에서 교환하시고
출판사 교환이 필요할 경우에는 아래 주소로 반송 사유를 적어 도서와 함께 보내주세요.
06027 서울 강남구 도산대로 1길 62 강남출판문회 센터 6층 민음인 마게딩부

한국어판 © (주)민음인, 2008. Printed in Seoul, Korea
ISBN 979 11-5888-819-0 04000
ISBN 979 11-5888-823-7 04000(set)

㈜민음인은 민음사 출판 그룹의 자회사입니다.